Amour et Bergerie.

# AMOUR ET BERGERIE,

COMÉDIE EN UN ACTE, EN VERS,

PAR P. J. BARBIER,

REPRÉSENTÉE, POUR LA PREMIÈRE FOIS, A PARIS, SUR LE SECOND THÉATRE-FRANÇAIS, LE 10 JANVIER 1848.

---

## DISTRIBUTION DE LA PIÈCE.

| | |
|---|---|
| LE COMMANDEUR | MM. LEMAIRE. |
| GUSTAVE | ROGER. |
| PAUL | DELAUNEY |
| LA MARQUISE | M<sup>mes</sup> GRASSEAU. |
| M<sup>me</sup> DE MÉRANGE | ALBERY. |
| FLORETTE | SAINT-HILAIRE. |
| UN DOMESTIQUE. | |

*La scène se passe au château de la marquise, dans les premières années de la Restauration.*

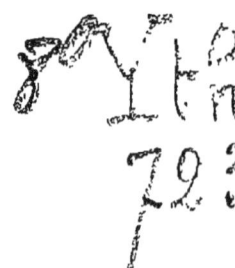

Salon élégant. — A droite porte et fenêtre donnant sur un jardin. — A gauche, portes donnant, la première dans l'appartement de M$^{me}$ de Mérange, la seconde dans celui de la marquise. — Au fond, porte battante donnant sur d'autres appartements.

## SCÈNE I.

GUSTAVE, LA MARQUISE, LE COMMANDEUR, *La Marquise et le Commandeur sont assis près d'un guéridon à droite ; la Marquise fait de la tapisserie, le Commandeur dévide des écheveaux.*

GUSTAVE, *entrant par le fond en équipage de chasse.*
Allons ! Dehors, Rustaud, Diane ! emmenez-les !
Ma tante en fait de chiens n'aime que les plus laids,
D'affreux carlins.

LA MARQUISE.
Vrai Dieu ! vous respectez le monde !
Ça, monsieur mon neveu, venez que je vous gronde.

GUSTAVE.
Ah ! ma tante, prenez un son de voix plus doux !
Je ne me croyais pas d'honneur si près de vous ;
J'adore le carlin ! le carlin me transporte !
Belle race vraiment !

LA MARQUISE.
Eh ! Gustave, il n'importe !
C'est d'un plus grave objet que je vous veux parler,
Et je me sens d'humeur à vous bien quereller.
Venez là !

GUSTAVE.
Je pressens quelque effroyable orage,
Et je veux l'affronter en homme de courage.
Voyons ! qu'ai-je encor fait pour vous mécontenter ?
Parlons paisiblement et sans nous irriter.
Ai-je en m'y promenant dévasté vos parterres,
Ou chassé brusquement de leurs nids solitaires

## SCENE I.

Les rossignols chanteurs?... Non, ce n'est pas cela?
J'ai tué vos faisans peut-être! m'y voilà.
De superbes oiseaux! ils sont tous morts.

LA MARQUISE

L'infâme!
Commandeur!

LE COMMANDEUR.

C'est affreux!

GUSTAVE.

J'en ai la mort dans l'âme.

LA MARQUISE.

Mais il ne s'agit pas...

GUSTAVE.

Quoi donc? Un de mes chiens
Aurait-il étranglé ce cher Tom? Je les tiens
Fort au régime.

LA MARQUISE.

Non! vos exécrables bêtes
M'en répondraient, monsieur mon neveu, sur leurs têtes,
C'est d'autre chose encore...

GUSTAVE.

Allons! J'ai mal parlé
Du feu roi Louis Quinze. Ah! j'en suis désolé.
C'était un fort grand roi, très-sage et très-auguste.
Mais quoi, vous le savez, la jeunesse est injuste;
On ne réfléchit pas à ce qu'on dit : ma foi,
Vous m'en voyez fâché... c'était un fort grand roi!

LA MARQUISE.

Commandeur, a-t-on vu semblable impertinence,
Et voudra-t-il enfin m'accorder audience?

GUSTAVE.

J'écoute, et de grand cœur; mais de tous vos discours,
Il n'est rien qu'à l'avance...

LA MARQUISE.

Il parlera toujours.

GUSTAVE.

Je ne souffle plus mot.

LA MARQUISE.
Certes, j'en suis ravie.
Mon neveu, vous menez une méchante vie.
GUSTAVE.
Moi?
LA MARQUISE.
Vous m'interrompez ! je disais ?...
GUSTAVE.
Vous disiez
Une méchante vie.
LA MARQUISE.
Oui ! vous me promettiez
De mettre enfin un terme à ce dévergondage,
Et de vous résigner au joug du mariage.
GUSTAVE.
Mais...
LA MARQUISE.
Vous m'interrompez. Vos plus ardents désirs
Ne s'adressent jamais qu'à de grossiers plaisirs.
Vous êtes plus chasseur que Nemrod en personne.
LE COMMANDEUR.
Nemrod, chasseur fameux.
LA MARQUISE, *se levant*.
Pourtant, je suis trop bonne...
Vous serez mon unique héritier.
GUSTAVE.
Héritier !...
Ah ! vous m'attendrissez...
LA MARQUISE.
Il faut vous marier.
GUSTAVE.
Mais...
LA MARQUISE.
Vous m'interrompez... Vingt mille francs de rente
Et dix mille, combien cela fait-il ?
LE COMMANDEUR, *se levant*.
Quarante !

## SCENE I.

GUSTAVE.

Non! trente.

LA MARQUISE.

Il a raison; en tout, dix mille écus.

LE COMMANDEUR.

C'est fort joli !

GUSTAVE.

Vraiment, je n'en voudrais pas plus.

LA MARQUISE.

Vous les aurez. Pourquoi madâme de Mérange
Ne vous plaît-elle pas?

GUSTAVE.

Mais...

LA MARQUISE.

Belle comme un ange !

GUSTAVE.

Mais...

LA MARQUISE.

Bonne !

GUSTAVE.

Mais...

LA MARQUISE.

Charmante !

GUSTAVE.

Eh ! oui, je...

LA MARQUISE.

Sans défaut !

GUSTAVE.

Mais je vous dis...

LA MARQUISE.

Enfin telle qu'il vous la faut.

GUSTAVE.

Oui, cent fois oui, morbleu ! qui vous dit le contraire ?

LA MARQUISE.

Pourquoi donc chercher vous sans cesse à lui déplaire?

GUSTAVE.

Moi !

LA MARQUISE.

Pas un mot galant.

GUSTAVE.

Mais...

LA MARQUISE.

Pas un madrigal.

GUSTAVE.

Vous moquez-vous?

LA MARQUISE.

Enfin, rien de sentimental.
J'ai su, même, j'ai su par de vieux domestiques
Que vous faisiez la cour à des beautés rustiques.

LE COMMANDEUR.

O ciel! rustiques!

LA MARQUISE.

Oui ; de notre temps, du moins,
C'est aux femmes de cour qu'on prodiguait ses soins.
Et nul un peu bien né ne prenait de maîtresse
Qu'elle ne fût baronne, ou marquise, ou duchesse.
N'est-ce pas, commandeur?...

LE COMMANDEUR.

Oui, marquise, autrefois!

LA MARQUISE.

Hélas !

LE COMMANDEUR.

Mais aujourd'hui !...

LA MARQUISE.

Bien parlé !

LA COMMANDEUR.

Quand je vois...

LA MARQUISE.

Oui.

LE COMMANDEUR.

C'est fort malheureux !

LA MARQUISE.

Que j'aime à vous entendre !

LE COMMANDEUR.

O temps ! ô mœurs !

LA MARQUISE.
Voilà ! Cependant, l'on fut tendre.
LE COMMANDEUR.
Certe, et l'on fut galant...
LA MARQUISE.
Mais...
LE COMMANDEUR.
Mais...
LA MARQUISE.
Ah ! commandeur !
LE COMMANDEUR.
Ah ! marquise !
LA MARQUISE.
Nestor !
LE COMMANDEUR.
Chloé !
LA MARQUISE.
Plus bas, mon cœur.
GUSTAVE.
Parlez-vous tout de bon, ou si je perds la tête ?
Je rencontre une veuve assez riche et bien faite ;
Elle est votre parente et demeure chez vous,
Je lui trouve bon air, et deviens son époux :
Tout est dit ! Faut-il pas, comme un berger fidèle,
Consumer tout le jour à soupirer près d'elle ?
Je chasse, est-ce un grand mal ? Je ne fais pas de vers,
Assez d'autres sans moi n'ont-ils pas ce travers ?
Laissons rimer les fous !.. et quant aux villageoises,
J'en connais, et beaucoup, qui valent des bourgeoises,
Des marquises, ma tante, et c'est grande raison
Qu'on regarde aux beaux yeux et non pas au blason.
Madame de Mérange est digne en tout de plaire ;
Je l'épouserai, soit ! c'est une bonne affaire.
J'épouse aussi sa ferme et ses champs et ses bois ;
Ma femme me fera député dans six mois ;
Je retourne à Paris, Lucile m'accompagne,
A moins qu'elle ne veuille habiter la campagne ;
Elle aura là-dessus sa pleine liberté,

Et nous vivrons heureux, elle de son côté,
Moi du mien : c'est ainsi que font les bons ménages.

LA MARQUISE.

Oui, vous nous montrez là de jolis personnages.
Mais encore faut-il plaire avant d'épouser.

GUSTAVE.

Vous croyez qu'elle aurait le cœur de refuser ?

LA MARQUISE.

Sans doute, mon neveu, je le crois, et pour cause.
Mais il est un moyen d'accommoder la chose,
Un moyen sûr...

GUSTAVE.

  Lequel ?

LA MARQUISE.

    C'est un bal costumé :
En habit de marquis on fut toujours aimé.
N'est-ce pas, commandeur ?

LE COMMANDEUR.

    Vous parlez d'or, marquise.

GUSTAVE, *à part*.

Sont-ils fous tous les deux ?

LA MARQUISE.

    Il faut que je vous dise,
Un jour... J'avais quinze ans, votre oncle, un Apollon,
Me serra d'assez près dans un petit salon.
Il devait m'épouser ; même je me rappelle
Qu'il avait un habit gorge de tourterelle ;
Si bien que... tout à coup ma mère m'appela :
On ne résiste pas à ce costume-là.
Je donne donc un bal !

GUSTAVE.

  Quoi ! vraiment ?

LA MARQUISE.

    Ce soir même ;
Votre habit vous attend, et je veux qu'on vous aime.
On s'y pourra masquer ; notre veuve sera
Toute en rose.

GUSTAVE.

Fort bien, on l'y reconnaîtra.
Il faut qu'elle m'adore ou le diable m'emporte !

LA MARQUISE.

Silence ; on vient, c'est elle ; il convient que je sorte.
Ah ! trop heureux mortel !

LE COMMANDEUR.

Ah ! trop heureux amant !

LA MARQUISE.

Faites bien votre cour.

GUSTAVE.

Oui. (*A part.*) Quel rôle assommant !
*Le commandeur et la marquise se font une révérence et sortent par la seconde porte à gauche.*

## SCENE II.

FLORETTE, GUSTAVE, M<sup>me</sup> DE MÉRANGE. *M<sup>me</sup> de Mérange et Florette entrent par la porte du jardin.*

GUSTAVE, *saluant*.

Madame...

M<sup>me</sup> DE MÉRANGE.

Vous, monsieur ! c'est hasard qu'on vous voie.

GUSTAVE.

Ah ! madame, croyez que ma plus grande joie...

FLORETTE.

Vos chiens se portent bien ?

GUSTAVE.

Oui.

FLORETTE.

C'est qu'ils sont fort beaux,
Vos chiens.

GUSTAVE.

Oui, j'ai tué ce matin neuf perdreaux.

FLORETTE.

C'est superbe cela ! pensez-y donc, madame ;
Neuf perdreaux ! neuf perdreaux ! cela va droit à l'âme.

GUSTAVE.
Te moques-tu de moi, Florette ?
FLORETTE.
Non, vraiment,
J'aime la chasse.
GUSTAVE.
Toi ?
FLORETTE.
Je l'aime horriblement.
J'aime aussi le tabac.
M<sup>me</sup> DE MÉRANGE.
Que nous dis-tu là, folle ?
GUSTAVE.
Bien ! Je veux t'en donner.
FLORETTE.
A moi ?
GUSTAVE.
Sur ma parole !
Du tabac d'Orient. Il faut que vous sachiez
Que le tabac de Smyrne est... Quoi donc ? vous riez...
M<sup>me</sup> DE MÉRANGE.
Je vous trouve adorable.
GUSTAVE.
Oui ! vous êtes bien bonne.
A propos, vous savez que ma tante nous donne
Un bal...
M<sup>me</sup> DE MÉRANGE, *allant regarder à la fenêtre.*
Oui.
FLORETTE.
C'est galant.
GUSTAVE.
Pardieu ! nous y verrons
Danser les gros bonnets de tous les environs.
J'en veux crever de rire...
FLORETTE.
Y danserez-vous ?
GUSTAVE.
Peste !
Toute la nuit. (*Bas.*) Florette, un mot.

## SCENE II.

FLORETTE.

Un mot ?

GUSTAVE.

Oui, reste.
Je t'adore.

FLORETTE.

Infidèle ! et ma maîtresse ?

GUSTAVE.

Bon !
Je l'adore aussi.

FLORETTE.

Fi, vous perdez la raison !

GUSTAVE.

Un baiser !

FLORETTE.

Taisez-vous, on peut nous voir.

GUSTAVE.

Cruelle !

FLORETTE, *se dégageant,*

Ah !

M<sup>me</sup> DE MÉRANGE.

Voyez donc, monsieur, que la nature est belle !

GUSTAVE.

Oui... savez-vous combien vaut cette terre-là ?
Dix mille francs l'hectare.

M<sup>me</sup> DE MÉRANGE.

En vérité ?... voilà
Ce qui s'appelle aimer la campagne.

GUSTAVE.

Oui, je l'aime,
Et je vous aime aussi.

M<sup>me</sup> DE MÉRANGE.

Vrai ? vous m'aimez de même
Que la nature : à tant l'hectare ? n'est-ce pas ?

GUSTAVE.

Ah ! mon Dieu !

M<sup>me</sup> DE MÉRANGE.

Qu'est-ce donc ?

GUSTAVE.

Ne vois-je pas là-bas
Rustaud?

M<sup>me</sup> DE MÉRANGE.

Eh bien? Rustaud...

GUSTAVE.

Dieu me pardonne, il mange,
Le malheureux!... pardon...

M<sup>me</sup> DE MÉRANGE.

Quoi! cela vous dérange?

GUSTAVE.

Il faut...

M<sup>me</sup> DE MÉRANGE.

Qui vous oblige à nous quitter sitôt?
Un chien?...

GUSTAVE.

Un chien, madame! un chien comme Rustaud!
La perle de ma meute et l'honneur de sa race!
Un chien, madame!

*Il sort en courant par la porte du jardin.*

## SCÈNE III.

FLORETTE, M<sup>me</sup> DE MÉRANGE.

FLORETTE, *imitant Gustave.*

Un chien, madame! point de grâce!
L'affaire est grave, il faut le sangler vertement...
Le plus rustaud des deux est l'homme assurément.

M<sup>me</sup> DE MÉRANGE.

Eh bien! qu'en penses-tu, Florette?

FLORETTE.

Moi? je pense
Que celui-là vous aime avec extravagance.

M<sup>me</sup> DE MÉRANGE.

Mon Dieu, tu ris toujours.

FLORETTE.

Ne faut-il pas pleurer

Parce qu'un malappris manque à vous adorer?
Mille vous vengeront.

Mme DE MÉRANGE.

Florette, je m'ennuie.

FLORETTE.

Comment? un jour de bal! et pourquoi, je vous prie?

Mme DE MÉRANGE.

Je ne sais... conte-moi quelque chose.

FLORETTE.

Ma foi,
Je n'ai rien à conter.

Mme DE MÉRANGE.

N'importe, amuse-moi,
Folle!

FLEURETTE.

Soit!... on m'a dit que la chère marquise
De son vieux commandeur était encore éprise,
Et que...

Mme DE MÉRANGE.

C'est faux!

FLORETTE.

Fort bien! on écrit de Paris
Que les chambres...

Mme DE MÉRANGE.

Assez!

FLORETTE.

Bon! je sais deux maris
Qui sont...

Mme DE MÉRANGE.

Assez, te dis-je!

FLORETTE.

Avouons que la mode
Avec ses changements n'est pas toujours commode.

Mme DE MÉRANGE.

Pour Dieu, tais-toi. Florette, ou tu m'endormiras!

FLORETTE.

Monsieur Paul...

Mme DE MÉRANGE.

Hein?...

FLORETTE.

Assez?

Mme DE MÉRANGE.

Mais... comme tu voudras.

FLORETTE.

Vous ne dormez donc plus?

Mme DE MÉRANGE.

Non, parle, je t'écoute.

FLORETTE.

C'est un charmant garçon, que monsieur Paul.

Mme DE MÉRANGE.

Sans doute !

FLORETTE.

Brave, modeste et beau.

Mme DE MÉRANGE.

Tu parles bien de lui.

FLORETTE.

Et s'il n'était si loin, nous aurions moins d'ennui.

Mme DE MÉRANGE.

Tu le crois.

FLORETTE.

J'en suis sûre, et si j'ose tout dire...

Mme DE MÉRANGE.

Ose!...

FLORETTE.

Eh bien ! c'est pour lui que madame soupire.

Mme DE MÉRANGE.

Je ne soupire pas ; il m'est indifférent.

FLORETTE.

Ne le dites donc pas du moins en soupirant !

Mme DE MÉRANGE.

Mais y penses-tu bien ? c'est mon neveu, Florette.

FLORETTE.

Oui, neveu du même âge, et prompt à l'amourette.
Il m'embrassait bien, moi.

## SCÈNE III.

M<sup>me</sup> DE MÉRANGE.

Comment?

FLORETTE.

Mon Dieu ! tout doux !
Il m'embrassait, madame, en me parlant de vous.

M<sup>me</sup> DE MÉRANGE.

Et que te disait-il ?

FLORETTE.

Oh ! des choses !... des choses !
Que votre teint semblait fait de lis et de roses.
Que votre taille était adorable... et vos yeux...
Que sais-je ? un abrégé des merveilles des cieux !
Que grâces et vertus étaient votre partage;
Qu'il allait tous les jours vous aimant davantage,
En bon neveu qu'il est ! puis ceci... puis cela,
Par malheur, un matin, le canon l'appela,
Notre marin partit, et sa douleur fut grande :
Que les vents lui soient doux, et la mer nous le rende !...

M<sup>me</sup> DE MÉRANGE.

Pauvre enfant ! seul, perdu sur l'Océan !... Hélas !
Florette, si l'orage...

FLORETTE.

Et vous ne l'aimez pas ?

M<sup>me</sup> DE MÉRANGE.

Non ! Pourrait-il m'aimer, moi sa tante, moi veuve !

FLORETTE.

Eh ! mon Dieu ! ce mot-là n'a rien dont il s'émeuve.
Vous, veuve ! y pensez-vous ? votre mère un beau jour
Vous dit : Voilà monsieur qui meurt pour toi d'amour :
Épouse-le, ma fille !... Et vous l'épousez... Zeste,
Arrive du ministre une lettre funeste
Qui nous prend notre époux au milieu du dîner.
Quoi ? qu'est-ce ? qu'avez-vous ?... il fallait retourner
En un poste ennuyeux dont je n'ai pas mémoire.
Notre homme était préfet... et le beau de l'histoire,
C'est qu'il vous laissa seule, et n'emporta de vous
Qu'un oui dit à l'église, et le doux nom d'époux.
Vous passâtes encore la nuit sans compagnie...

Vous l'alliez retrouver, quand une épidémie
Emporta ce préfet dont vous aviez la foi ;
Sa mort vous laissa veuve, oui, mais veuve de quoi ?

M<sup>me</sup> DE MÉRANGE.

Assez, il se fait tard, pensons à ma toilette.
La marquise a gardé mon domino, Florette.

FLORETTE.

Je vais le demander.

M<sup>me</sup> DE MÉRANGE.

N'est-il pas rose ?

FLORETTE, *en sortant par le fond du théâtre*

Ou noir,
Ou blanc, ou vert, ou bleu, nous allons le savoir.
Pour moi, j'aimerais mieux le blanc...

### SCENE IV.

M<sup>me</sup> DE MÉRANGE.

Fille rieuse !
Sans ennui, sans chagrin, de tout insoucieuse !
Ne prenant de la vie en son rapide cours
Que les riants côtés et que les plus beaux jours !
Allons ! dirait-on pas à ce triste langage
Que me voilà grand-mère et que je suis hors d'âge ;
D'où t'est venu, mon cœur, ce dégoût passager ?
Pourquoi cette tristesse ? Ah ! je crains d'y songer !
Laissons des souvenirs qui me troublent la tête.
Je veux rire, je veux penser à cette fête...
Je veux...

*Paul paraît au fond du théâtre.*

### SCENE V.

M<sup>me</sup> DE MÉRANGE, PAUL.

M<sup>me</sup> DE MÉRANGE, *sans apercevoir Paul et s'asseyant sur un canapé à gauche.*

Quand il partit, « Ma tante, me dit-il,
« Je quitte la maison pour un lointain exil.
« Les flots sont incertains, cependant, point d'alarmes ! »

## SCÈNE V.

Puis il baisa ma main, et j'y sentis deux larmes !
*Paul s'est approché d'elle en silence et lui prend la main qu'il baise.*
Ah ! — vous, Paul ! vous !...

PAUL.

Moi-même... et vous pensiez à moi ?

M<sup>me</sup> DE MÉRANGE.

Que de temps sans vous voir! mais enfin je vous voi,
Le ciel en soit béni !

PAUL.

Ma foi, la destinée
Me devait pour le moins cette belle journée.
Voilà deux ans passés que je suis loin de vous..

M<sup>me</sup> DE MÉRANGE.

C'est bien long, n'est-ce pas ?

PAUL.

Ah !... mais, embrassons-nous,
Ma tante...

M<sup>me</sup> DE MÉRANGE.

Embrassons-nous, mon neveu.
*Ils s'embrassent.*

PAUL.

Sur ma vie,
Ces deux ans vous ont faite encore plus jolie.

M<sup>me</sup> DE MÉRANGE.

Et vous plus grand, monsieur ; c'est un homme, à présent.

PAUL.

Certe ! un vieux loup de mer !

M<sup>me</sup> DE MÉRANGE.

Eh ! mais c'est fort plaisant,
Des moustaches !...

PAUL.

Morbleu !

M<sup>me</sup> DE MÉRANGE.

Seigneur Dieu ! comme il jure !
Fumez-vous?

PAUL.

En douter serait me faire injure.
Voyez, elle est superbe !
(*Il tire une pipe de sa poche.*)

Mme DE MÉRANGE.

Ah ! fi donc, que c'est laid !

PAUL.

Je ne fumerai plus, si cela vous déplaît.

Mme DE MÉRANGE.

L'uniforme lui sied d'une façon charmante.

PAUL.

Vrai ?

Mme DE MÉRANGE.

Pensiez-vous souvent à moi ?

PAUL.

Toujours, ma tante.
Ah ! que de fois le soir, les yeux à l'horizon
Je me suis figuré cette chère maison ;
Entre le commandeur et la vieille marquise,
En un coin du salon, je vous voyais assise.
Mes rêves me portaient bientôt à vos genoux ;
Car, hélas ! je n'ai plus de famille que vous !
J'entendais le refrain d'une chanson connue,
Je l'entendais du cœur, et l'heure enfin venue
Où vous vous séparez jusqu'au lendemain,
Je vous disais : bon soir ! et vous tendais la main.

Mme DE MÉRANGE.

Et moi qui ne pensais qu'aux dangers du voyage,
Comme tout m'effrayait, une brise, un nuage,
Un rien ! combien de fois d'un regard curieux,
Au matin renaissant j'interrogeai les cieux !
Et que si la journée était paisible et belle,
Je me sentais heureuse, et me parais comme elle
Si la nuit, au contraire, un orage éclatait,
Tremblante à tous les bruits que le vent m'apportait,
Mon cœur ne rêvait plus que mort et que naufrage,
Et je ne m'endormais enfin qu'après l'orage !

PAUL.

Chère Lucile ! ainsi, vous m'aimez donc un peu ?

Mme DE MÉRANGE.

Mais je suis votre tante...

## SCENE V.

PAUL.

Et moi votre neveu !...

M<sup>me</sup> DE MÉRANGE.

A ce titre parlons d'une importante affaire.

PAUL.

Eh ! de grâce, aujourd'hui, nous avons mieux à faire ;
Il sera temps demain.

M<sup>me</sup> DE MÉRANGE.

Non ! mais asseyons-nous.

PAUL.

Soit ! je suis trop heureux de causer avec vous.

*Ils s'asseyent sur le canapé.*

M<sup>me</sup> DE MÉRANGE.

Il s'agit d'héritage.

PAUL.

Oui, la vieille cousine,
Je sais... comment va-t-elle ?

M<sup>me</sup> DE MÉRANGE.

Il est fou ! j'imagine.
Est-ce distraction, ou si vous plaisantez !
Elle ne va pas bien, puisque vous héritez.

PAUL.

Ah ! pardon ! pauvre femme ! ai-je perdu la tête ?

M<sup>me</sup> DE MÉRANGE.

Vous en héritez donc,.. bien, mais à la requête
D'un parent... attendez.,! c'est si fort embrouillé...

PAUL.

Le charmant bracelet ! c'est de l'or émaillé,
N'est-ce pas ?

M<sup>me</sup> DE MÉRANGE.

Oui : notre homme a dit à son notaire...

PAUL, *lui baisant la main.*

Mais le bras est plus beau.

M<sup>me</sup> DE MÉRANGE.

Voulez-vous bien vous taire !
Le notaire prétend que... que le testament...
Qu'il faudrait... non, voilà, c'est l'avoué...

PAUL.

           Vraiment!
J'ai rencontré partout des beautés admirables;
Mais chez nulle jamais des mains plus adorables,
Des yeux plus doux... pardon, je suis un peu distrait...
L'avoué, dites-vous...

Mme DE MÉRANGE.

      Oui, l'avoué voudrait...
Vous avez donc connu, monsieur, d'aimables femmes?

PAUL.

Fort aimables... voudrait...

Mme DE MÉRANGE.

       Et vous aimiez ces dames?

PAUL.

Mais, mon Dieu!... vous savez...

Mme DE MÉRANGE.

        Moi, non, je ne sais rien;
On n'aime qu'une femme alors qu'on n'aime bien.
Il est vrai, mon neveu, que vous n'aimez personne,
J'entends aimer d'amour. Enfin Gustave donne
Ce conseil. Vous savez qu'il demeure avec nous?

      *La nuit tombe.*

PAUL.

Ah! Gustave est ici? comment le trouvez-vous?

Mme DE MÉRANGE.

Le plus charmant du monde. Il faut dire au notaire...

   PAUL, *se levant brusquement.*

Tenez, je n'entends rien du tout à votre affaire:
Remettons à plus tard les ennuyeux discours;
Déjà les jours heureux ne sont-ils pas trop courts?
Aussi bien tout à l'heure une plaisanterie
A fait naître chez vous un ton de fâcherie.
Je n'aime pas d'amour, eh bien, c'est malheureux!

   *Il se rassied.*

Mais enfin, je vous aime autant qu'un amoureux.
Ai-je éprouvé jamais ce bonheur près d'une autre?
Non, ma main a frémi de plaisir dans la vôtre,
Votre regard m'enivre, et je me sens trembler,

Rien qu'à vous voir, Lucile, et rien qu'à vous parler.
Jamais enfin, jamais une flamme amoureuse
N'aura fait à personne une heure plus heureuse !

M<sup>me</sup> DE MÉRANGE.

Mon Dieu, comme il fait sombre !

PAUL, *lui enlaçant d'un bras la taille.*

Et qu'importe ?

M<sup>me</sup> DE MÉRANGE

Pardon !

Il importe beaucoup, monsieur.

## SCÈNE VI.

M<sup>me</sup> DE MÉRANGE, GUSTAVE, PAUL, UN DOMESTIQUE, *portant des flambeaux.*

GUSTAVE, *paraissant au fond du théâtre.*

Hâtez-vous donc !
Il va nous arriver du monde tout à l'heure.

*Le domestique pose les flambeaux et se retire.*

PAUL, *qui s'est éloigné de M<sup>me</sup> de Mérange.*

Au diable l'importun !

GUSTAVE, *sans voir M<sup>me</sup> de Mérange.*

Eh ! vrai Dieu ! que je meure
Si ce n'est ce cher Paul. Il arrive à propos.
Mon ami, nous allons boire et casser les pots.
Un souper merveilleux et des femmes charmantes !
Nous prendrons des façons, là, tout à fait galantes.
N'est-ce pas ? on fera danser tous les maris,
Et ce sera de quoi réjouir tout Paris.

M<sup>me</sup> DE MÉRANGE.

Plaît-il ?

GUSTAVE, *à part.*

Ah ! maladroit ! (*Haut.*) Vous étiez là, madame ?

M<sup>me</sup> DE MÉRANGE.

Oui, monsieur, j'écoutais ce discours plein de flamme.
J'en suis édifiée, et vous fais compliment.
Adieu, Paul.

*Elle rentre chez elle.*

## SCENE VII.

### GUSTAVE, PAUL.

PAUL.

Vous voilà grondé bien rudement,
Mon pauvre ami...

GUSTAVE.

Ma foi, j'ai fait une sottise,
Avouons-le.

PAUL.

Fort bien !

GUSTAVE.

Mais la pauvrette est prise,
Et nous apaiserons bientôt ce grand courroux.
On pardonne aisément à son futur époux.

PAUL.

A son futur époux ?

GUSTAVE.

Sans doute. Je l'épouse ;
Autant elle qu'une autre : elle est un peu jalouse ;
Mais elle a de beaux yeux, avec le teint vermeil,
Et trois cent mille francs en biens fonds au soleil ;
C'est, comme vous voyez, une assez ronde somme !

PAUL.

Et tout est-il conclu ?

GUSTAVE.

Non.

PAUL

Non ?

GUSTAVE.

Mais c'est tout comme.
Je serai fort heureux.

PAUL.

Fort heureux, en effet.

GUSTAVE.

C'est ce bal qui nous doit accorder tout à fait.
Ma tante, vous savez qu'elle est un peu bizarre,

A moins d'être marquis, croit que l'on est barbare,
Et son bal est donné tout exprès pour cela.
Je vais donc m'affubler de ce costume là.
Le masque donnera du piquant à la chose ;
Madame de Mérange est en domino rose.
Je lui ferai ma cour, n'en dites rien !

PAUL.

Parbleu !

GUSTAVE.

L'heure passe, je cours à ma toilette, adieu !

*Il sort par le fond.*

## SCÈNE VIII.

### PAUL, *seul.*

Et tu veux épouser ma tante, affreux corsaire !
Toi, l'épouser, faquin ! que la fièvre te serre !
Je ne souffrirai pas ce mariage, non !
Le ciel m'écrase avant qu'elle porte ton nom !
Ce n'est pas elle, au moins, c'est l'argent qui le tente.
Certes je n'en suis pas amoureux, c'est ma tante !
Mais dès qu'avec un fat son bonheur court danger,
Je suis son défenseur, et dois la protéger.
Et quand je l'aimerais ! Eh bien ! oui, je l'adore !
En vain je chercherais à m'abuser encore ;
Je l'aime, le dépit m'a fait lire en mon cœur.
Et pardieu nous verrons qui sera le vainqueur.

(*Bruit de musique qui revient de temps à autre jusqu'à la fin de l'acte. Des dominos passent au fond du théâtre.*

## SCÈNE IX.

### PAUL, FLORETTE.

FLORETTE, *entrant par le fond deux dominos sur le bras.*
Rêvè-je ? est-ce bien vous, monsieur Paul !

PAUL.

Oui, Florette !

FLORETTE.

Êtes vous amiral ?

PAUL.
Non, charmante soubrette.

FLORETTE.
Tant pis ! avez vous vu ma maîtresse ?

PAUL.

PAUL.
Oui !

FLORETTE.
Tant mieux.
Mais on m'attend, pardon !

PAUL.
Ah ! Florette, quels yeux !

FLORETTE.
Bon, laissez là mes yeux !

PAUL.
Quelle main, quelle bouche !

FLORETTE.
Toujours mauvais sujet !

PAUL.
Et toi toujours farouche !

FLORETTE.
Voyons, je veux passer.

PAUL.
Et que portes-tu là ?

FLORETTE.
Deux dominos, bavard ! un rose que voilà
Il est pour ma maîtresse...

PAUL.
Et le blanc ?

FLORETTE.
Pour personne
*Bruit de sonnette.*
Il faut tout lui conter... et tenez ! on me sonne.
*Elle fait quelques pas vers la gauche.*

PAUL.\*
Florette !

\* Florette, Paul.

## SCENE IX.

FLORETTE.

Quoi !

PAUL.

Veux-tu me faire un grand plaisir ?

FLORETTE.

De tout mon cœur ; mais vite ! allons donc !

PAUL.

Fais choisir
Le blanc à ta maîtresse ; il le faut.

FLORETTE.

Et la cause ?

PAUL.

J'aime le blanc.

FLORETTE.

Vraiment ?

PAUL.

Toi, tu mettras le rose...

FLORETTE.

Ah ! ah !

PAUL.

Vienne Gustave avec sa passion,
Et moque-toi de lui ! c'est bénédiction
De rendre les marquis penauds et ridicules !

FLORETTE.

Je n'oserai pas.

Toi ? voilà bien des scrupules ?

FLORETTE.

Vous êtes donc jaloux ?

PAUL.

A quoi, vas-tu penser ?

FLORETTE.

Vous aimez ?

PAUL.

Oui, toi seule, et je veux t'embrasser.

*Il l'embrasse.*

FLORETTE.

Vous demandiez jadis...

PAUL.

Et maintenant je vole.
Mais la fête commence, adieu, j'ai ta parole.

*Il sort par le fond du théâtre.*

FLORETTE.

Soit! je vous servirai... Ce garçon-là me plaît.
Je veux le marier, tout scélérat qu'il est.
*Elle entre chez M<sup>me</sup> de Mérange.*

### SCÈNE X.

LE COMMANDEUR, LA MARQUISE, *habillés en bergers trumeau et masqués; ils entrent par le fond.*

LA MARQUISE.

Êtes-vous fou, berger?

LE COMMANDEUR.

Non, divine bergère!
L'aveu de cet amour est-il pour vous déplaire?

LA MARQUISE.

Hélas! berger!

LE COMMANDEUR.

D'où vient qu'hésite votre cœur?
L'amour est un enfant.

LA MARQUISE.

L'amour est un trompeur.
Bientôt ingrat, peut-être, et dédaignant mes charmes
Ne me laisseriez-vous que regrets et que larmes?

LE COMMANDEUR.

Oh! non, jamais! jamais! cédez, jeune beauté
Voyez! les tourtereaux aiment en liberté,
Les moutons ont le cœur tendre, et les hirondelles
Font retentir les bois de leurs chansons fidèles.

LA MARQUISE, *à part.*

C'est étrange! on dirait la voix du Commandeur,
*Haut.*
Non! berger, votre amour alarme ma pudeur.
Je craindrais que ma foi ne fût par vous surprise.

LE COMMANDEUR, *à part.*

C'est bizarre, on dirait la voix de la marquise.
*Haut.* Cruelle! nous irions au bord d'un clair ruisseau,
Et là, tu m'entendrais jouer du chalumeau.

LA MARQUISE.

Plaît-il?

LE COMMANDEUR.

Du chalumeau!

## SCENE X.

LA MARQUISE.
　　　　Vous savez la musique?
　　LE COMMANDEUR.
Un peu, belle... quel est votre nom?
　　　　LA MARQUISE.
　　　　　　　　Angélique!
　　　　LE COMMANDEUR.
Belle Angélique!
　　　　　LA MARQUISE.
　　　　Et vous, comment vous nomme-t-on,
Berger?
　　　　LE COMMANDEUR.
　　Médor!
　　　　LA MARQUISE.
　　　　Vraiment, Médor est de bon ton.
　　　LE COMMANDEUR.
Angélique et Médor, mon nom convient au vôtre,
Bergère, et les destins nous ont fait l'un pour l'autre,
　　　　LA MARQUISE.
Trop séduisant Médor!
　　　LE COMMANDEUR, *chantant*.
　　　Quand on sait aimer et plaire,
　　　A-t-on besoin d'autre bien?
　　　Donne-moi ton cœur, bergère,
　　　Colin t'a donné le sien.
　　　　LA MARQUISE.
　　　　　Ah! c'en est trop, berger,
Je t'appartiens; amour, daigne nous protéger!
Ciel! on vient... fuis!...
　　　　LE COMMANDEUR.
　　　　　　Jamais, veux-tu donc que je meure?
　　　　LA MARQUISE.
Nous nous retrouverons, Médor, avant une heure.
　　　　LE COMMANDEUR.
Ah! que du moins j'emporte un gage de ta foi.
　　　　LA MARQUISE.
Mais...
　　　　LE COMMANDEUR.
　　Ce nœud de rubans.
　　　　LA MARQUISE.
　　　　　　Prends donc, il est à toi.
*Le Commandeur détache un nœud de rubans sur l'épaule de la marquise et se sauve par la porte du fond.*

## SCENE XI.

LA MARQUISE, GUSTAVE, *en marquis.*

GUSTAVE, *heurté par le commandeur.*
Holà ! rustre ! lourdaud ! fuyons cette cohue !
LA MARQUISE.
C'est mon neveu, voyons s'il a bonne tenue.
GUSTAVE, *sans voir la marquise.*
Çà ! me voilà marquis de pied en cap, pardieu !
Un marquis du bel air et sortant de bon lieu.
Il ne nous manque rien ! la toilette est divine ;
Un habit fort galant, une manchette fine,
Puis, avec un regard noyé de volupté,
Cet air d'impertinence et de témérité
Qui fait tourner la tête au petit sexe ! en somme
Le plus grand, le plus beau, le plus fin gentilhomme
Qui jamais ait nié le ciel et fait l'amour.
Quand faudra-t-il au Louvre aller faire ma cour ?
Franchement, je me sens au-dessus de la terre.
Il semble que l'esprit du bonhomme Voltaire
Soit resté dans ma poche et que j'aie endossé
Avec ces vieux galons tout le siècle passé !
LA MARQUISE.
Marquis !
GUSTAVE.
  Quoi ?
LA MARQUISE.
    Vous jouez mal votre personnage ;
Croyez-en sur ce point les femmes de mon âge.
GUSTAVE.
Quel âge avez-vous donc ?
LA MARQUISE.
    Hélas, trois fois vingt ans.
GUSTAVE.
Vous n'en avez du moins gardé que les printemps.
LA MARQUISE.
Ah ! ceci n'est pas mal.
GUSTAVE.
    C'est joli, malepeste !
J'ai quelquefois des mots heureux !
LA MARQUISE.
      Il est modeste !

## SCENE XI.

GUSTAVE.
Mais ne seriez-vous pas... on dirait... oui, parbleu !
C'est vous, tante adorable !

LA MARQUISE, *se démasquant.*

Eh bien, oui, mon neveu.
Dans tout votre maintien on sent la tabagie,
Et vous n'avez point l'air de bonne compagnie.

GUSTAVE.
Soyez donc mon conseil et donnez-moi leçon

LA MARQUISE.
Soit, et d'abord, monsieur, marchez d'autre façon :
Les pieds plus en dehors... regardez-moi.

*Elle marche.*

GUSTAVE.

Charmante !

LA MARQUISE.
La jambe !... là... voyez, la jambe impertinente.

GUSTAVE.
Fort bien !

LA MARQUISE.
De la tournure, enfin, de l'abandon,
De la grâce, l'épée en arrière... allons donc !

GUSTAVE, *trébuchant.*
C'est qu'elle me fait cheoir.

LA MARQUISE.

Surtout, soyons à l'aise.
On est homme de cour !... allons ! laquais !... ma chaise !
Puis ayez toujours prêt un compliment exquis,
La main sur le jabot, et vous êtes marquis.
Votre oncle, mon neveu, l'entendait comme un ange ;
Je m'en souviens toujours. Hélas ! comme tout change !
Et qu'attendre d'un peuple et d'un gouvernement
Qui ne sait même plus se tenir galamment ?
Mais votre amante vient, c'est le ciel qui l'envoie,
Ah ! petit libertin, je suis folle de joie.

*Elle sort par la seconde porte à gauche.*

## SCÈNE XII.

GUSTAVE, FLORETTE, *en domino rose et masquée ; elle entre par le fond.*

GUSTAVE.
Un mot, beau masque !

FLORETTE.
Deux, s'il vous plaît.
GUSTAVE.
Sais-tu bien
Que je t'aime d'amour ?
FLORETTE.
Non ! je n'en savais rien !
GUSTAVE.
Je t'aime comme un fou ; ce cœur te rend les armes,
Et je meurs si le tien n'a pitié de mes larmes.
FLORETTE.
L'amour, à dire vrai, vous vient bien promptement,
Et pour aimer si fort, c'est bien peu d'un moment.
GUSTAVE.
Ah ! vous croyez en vain échapper à ma vue,
Dès le premier instant je vous ai reconnue.
Le masque en eût peut-être abusé d'autres, mais
Les cœurs bien amoureux ne se trompent jamais.
FLORETTE.
Bah ! vous n'en mourrez pas.
GUSTAVE.
Si, j'en mourrai, traîtresse,
Si l'on ne veut enfin répondre à ma tendresse.
FLORETTE.
Avez-vous oublié que vous aviez tantôt
Un autre amour, monsieur ?
GUSTAVE.
Pour qui donc ?
FLORETTE.
Pour Rustaud !
GUSTAVE.
Eh mon Dieu ! ce n'est pas du tout la même chose.
D'ailleurs, voyez en nous une métamorphose ;
Si je fus un peu froid, c'est par timidité ;
Le masque m'a rendu toute ma liberté,
Je vous aime, et voudrais un jour, beauté divine...
*Il trébuche.*
FLORETTE.
Dieu ! vous allez tomber.
GUSTAVE, *saisissant son épée.*
La maudite machine !
*Il la tire du fourreau.*
Du moins, prenez ce fer et d'un coup généreux

## SCENE XIII.

Achevez dès ce soir les jours d'un malheureux,
Madame !
*Il tombe aux genoux de Florette.*

FLORETTE.

Tout de bon ? soit ! cela vous regarde.
Meurs, misérable amant !

GUSTAVE.

Ah ! diable, prenez garde !

## SCENE XIII.

Les Mêmes, M<sup>me</sup> DE MÉRANGE, *en domino blanc et masquée.*
*Elle paraît au fond du théâtre.*

M<sup>me</sup> DE MÉRANGE, *se démasquant.*

Gustave !

GUSTAVE, *se relevant.*

Dieu !

M<sup>me</sup> DE MÉRANGE,

Vous ?

GUSTAVE.

Vous ! je vois double.

M<sup>me</sup> DE MÉRANGE.

Fort bien,
Monsieur ! Je vous surprends en un bel entretien.

FLORETTE.

Ma foi, sauve qui peut !
*Elle se cache derrière le rideau de la fenêtre.*

M<sup>me</sup> DE MÉRANGE. *

Aux pieds d'une autre femme,
Vous, monsieur, qui vouliez m'épouser, c'est infâme !

GUSTAVE.

Je suis abasourdi ! mais pourquoi diable aussi
Dansez-vous là-dedans, quand je vous crois ici ?

M<sup>me</sup> DE MÉRANGE.

Vous moquez-vous de moi ?

GUSTAVE.

Nullement je vous jure ;
Et je ne croyais pas que je vous fisse injure.

M<sup>me</sup> DE MÉRANGE.

Quoi ! vous nierez...

---

* Gustave, M<sup>me</sup> de Mérange, Florette.

GUSTAVE.
Non pas, j'étais à ses genoux ;
Mais tous mes compliments enfin étaient pour vous.
Vous vous mettez en blanc, et je vous cherche en rose.
M^{me} DE MÉRANGE.
Et que fait, s'il vous plaît, la couleur à la chose ?
GUSTAVE.
Mais cela fait beaucoup !
M^{me} DE MÉRANGE.
Ah ! tenez, brisons-là.
Le costume n'a rien à faire en tout cela.
Vous m'abandonnez, soit ! j'en trouverai quelqu'autre
Dont le cœur voudra bien me consoler du vôtre.
Adieu, tout est rompu.
GUSTAVE.
Mais, de grâce, écoutez !
Je puis vous affirmer...
M^{me} DE MÉRANGE, *rentrant chez elle et lui fermant la porte au nez.*
Taisez-vous, vous mentez !
GUSTAVE.
Morbleu !
*Paul paraît dans le fond.*

### SCÈNE XIV.

### PAUL, GUSTAVE, FLORETTE.

GUSTAVE, *allant prendre Florette par la main.*
Je veux, du moins... viens, inique femelle !
*Il la démasque.*
Florette ! ah ! serpenteau !
FLORETTE.
Taisez-vous, infidèle !
Le masque en eût peut-être abusé d'autres, mais
Les cœurs bien amoureux ne se trompent jamais.
GUSTAVE.
C'est toi qui m'as voulu jouer ce tour, coquine.
FLORETTE, *montrant Paul.*
Demandez à monsieur.
*Paul et Florette éclatent de rire.*
GUSTAVE.
Ah ! fort bien ! je devine...
De quoi riez-vous ?

## SCENE XIV.

PAUL.
Moi? je ris parce qu'on rit.

GUSTAVE.
Pardieu! mon jeune ami, vous avez trop d'esprit.

PAUL.
Comment! vous vous fâchez pour une bagatelle?

GUSTAVE.
Fort méchante, monsieur, et peut-être mortelle!

FLORETTE.
Ah! mon Dieu.

PAUL.
Non, Gustave! un motif si léger
Ne saurait aboutir à nous entr'égorger.
Il n'est rien là dedans qui vous soit un outrage,
Et ce n'est pas le lieu de montrer du courage.
Croyez-vous tout de bon qu'on vous tienne rigueur,
Si vous êtes vraiment le maître de son cœur?

GUSTAVE.
Ma foi, vous le savez beaucoup mieux que moi-même,
Car ce n'est qu'un manége, et c'est vous que l'on aime.

PAUL.
Comment, monsieur?

GUSTAVE.
Déjà, certaines libertés
M'ont fait croire jadis que la belle...

PAUL.
Arrêtez!
Pour Dieu! n'insultez pas la plus pure tendresse
Que jamais une femme...

GUSTAVE.
Elle est votre maîtresse.

PAUL.
Ah! c'est vous, cette fois, qui me rendrez raison,
Monsieur!

GUSTAVE.
De tout mon cœur.

PAUL.
Derrière la maison.
Venez!

FLORETTE.
Grand Dieu!

PAUL.
Tais-toi, ce baiser à Lucile *Il l'embrasse.*

Peut-être le dernier, mais il en vaudra mille.
*Gustave et Paul sortent par la porte du jardin.*

### SCÈNE XV.

LLORETTE, *puis* M^me DE MÉRANGE.

FLORETTE.

Monsieur Paul, quel malheur! un cœur si généreux!
S'il ne revenait pas, non, ce serait affreux.
Madame, ma maîtresse, accourez!...

M^me DE MÉRANGE, *sortant de chez elle.*

Qu'est-ce encore?

FLORETTE.

Ils vont se battre!

M^me DE MÉRANGE.

Qui? lui, Paul? mais je l'adore.
Ah! Florette, courons... le malheureux enfant!
*Toutes deux se précipitent dans le jardin.*

### SCÈNE XVI.

LE COMMANDEUR, LA MARQUISE *masqués.*

LE COMMANDEUR.

Venez, bergère.

LA MARQUISE.

Non! l'honneur me le défend.

LE COMMANDEUR.

Que craignez vous? L'amour aime un asile sombre,
Et nous avons ici plus de silence et d'ombre.

LA MARQUISE, *à part.*

Il doit être fort jeune.

LE COMMANDEUR, *de même.*

Elle a quinze ou seize ans.
Je trouve sans mentir ses contours séduisants.
*Haut.* Verrai-je pas enfin ce gracieux visage?

LA MARQUISE.

Oh! non, jamais, jamais. (*A part.*) Qu'il ignore mon âge.
*Haut.* Mais vous, du moins, berger, découvrez-moi vos traits.

LE COMMANDEUR.

Oh! non, certain motif... (*A part.*) Je crois que j'y perdrais.
*Haut.* Pourtant, si vous voulez, démasquons-nous ensemble.

LA MARQUISE.

Soit. (*A part.*) Il faut tout risquer.

## SCÈNE XVII.

LE COMMANDEUR, *de même.*
Ma foi, j'ai peur.
LA MARQUISE, *de même.*
Je tremble.
Si j'allais lui paraître un peu vieille, au berger.
LE COMMANDEUR, *de même.*
A montrer ce qu'on est, on court quelque danger.
LA MARQUISE, *de même.*
Il est vrai que le soir...
LE COMMANDEUR, *de même.*
Aux chandelles peut-être.
LA MARQUISE, *de même.*
Bah !
LE COMMANDEUR, *de même.*
Bah ! *Ils se démasquent.*
LA MARQUISE.
Le commandeur !
LE COMMANDEUR.
Dieu ! la marquise.
LA MARQUISE.
Ah ! traître !

## SCÈNE XVII.

GUSTAVE, FLORETTE, *une épée à la main,* PAUL, *la main enveloppée d'un mouchoir,* M<sup>me</sup> DE MÉRANGE, LA MARQUISE, LE COMMANDEUR.

M<sup>me</sup> MÉRANGE.
Blessé ! vous, mon ami !
PAUL.
Mon Dieu, remettez-vous,
Lucile, ce n'est rien.
M<sup>me</sup> DE MÉRANGE.
En vous battant pour nous !
Ah ! notre cœur mentait ou s'ignorait lui-même.
Un hasard l'a trahi : vous m'aimez ; je vous aime.
Peut-être je devrais en retenir l'aveu,
Et ne pas oublier ce titre de neveu :
Parlez, de votre avis je me tiendrai contente.
PAUL.
Eh bien, Lucile...
M<sup>me</sup> DE MÉRANGE.
Eh bien ?

PAUL.

Ne soyez plus ma tante !
*Il lui baise la main.*

LA MARQUISE.

Quoi ? que chantez-vous là ? que veut dire ceci ?
Paul n'est donc plus sur mer ?

PAUL.

Non, puisque le voici !

GUSTAVE.

C'est clair ! épousez-vous... Quel dénoûment funeste !
Bah ! pour nous consoler, la soubrette nous reste.

LA MARQUISE.

Et vous vous aimez ?

FLORETTE.

Certe ! ils s'aiment.

LA MARQUISE.

Que dis-tu ?

FLORETTE.

Oui, le combat fini...

LA MARQUISE.

Comment ! on s'est battu ?

FLORETTE.

Fort bien ! nous en étions...

LA MARQUISE.

Mais que Dieu me confonde
Si... mais pourtant... voyons... mais c'est la fin du monde.
Paul blessé !... mon neveu trahi... le commandeur...
Ah !

LE COMMANDEUR.

Me pardonnez-vous.

LA MARQUISE.

Vous êtes sans pudeur.

Silence !

FLORETTE.

Et maintenant, dansons la nuit entière.

LA MARQUISE.

Je lui donnais pourtant la plus sûre manière,
Pour un homme d'esprit, de plaire et de charmer.

M<sup>me</sup> DE MÉRANGE.

Ma bonne, croyez-moi, la meilleure est d'aimer.

FIN.

www.ingramcontent.com/pod-product-compliance
Lightning Source LLC
Chambersburg PA
CBHW060647050426